LOI
SUR LES LOYERS

Adoptée par la Chambre des Députés

et votée par le Sénat

dans sa séance du 1er Mars 1918

(Elle deviendra exécutoire à partir du jour où elle sera promulguée)

Prix : 0 fr. 75

ALGER

IMPRIMERIE MODERNE, J. HOMAR

2, BOULEVARD LAFERRIÈRE

—

1918

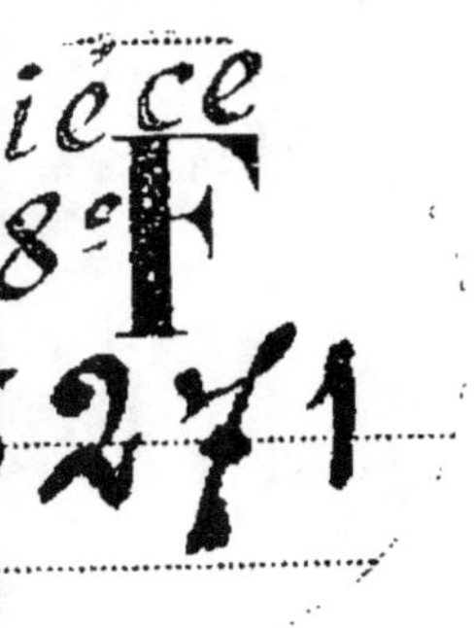

LOI
SUR LES LOYERS

Adoptée par la Chambre des Députés
et votée par le Sénat
dans sa séance du 1er Mars 1918

(Elle deviendra exécutoire à partir du jour où elle sera promulguée)

Prix : 0 fr. 75

ALGER

IMPRIMERIE MODERNE, J. HOMAR
2, BOULEVARD LAFERRIÈRE

1918

LOI SUR LES LOYERS

ARTICLE PREMIER. — Toutes les contestations entre propriétaires et locataires, nées par suite de la guerre et relatives à l'exécution ou à la résiliation des baux à loyer, seront régies par les dispositions exceptionnelles et temporaires ci-après :

TITRE 1er

Résiliations

ART. 2. — Les baux à loyer seront, sans préjudice des causes de résiliation résultant du droit commun ou des conventions, résiliables conformément aux dispositions suivantes :

ART. 3. — Lorsque le locataire a été tué à l'ennemi ou est décédé des suites de blessures reçues ou de maladie contractée sous les drapeaux, le bail est résilié de plein droit, sans indemnité, sur la déclaration de sa veuve, de ses héritiers en ligne directe ou, à leur défaut, de ses héritiers collatéraux si ceux-ci habitaient ordinairement avec lui les lieux loués.

La déclaration est adressée au bailleur par lettre recommandée.

S'il y a désaccord entre ceux qui ont le droit de réclamer la résiliation, la Commission arbitrale apprécie.

Cette déclaration aura lieu, à peine de forclusion, dans les six mois qui suivront le décès ou l'avis officiel du décès et, si le décès est antérieur à la promulgation de la présente loi, dans les six mois de cette promulgation.

Lorsque le propriétaire établira qu'il a, sur la demande du locataire et pour les convenances personnelles de celui-ci, effectué dans les lieux loués des travaux ou aménagements exceptionnels qu'il devait amortir pendant la durée de la location, la Commission arbitrale prévue au titre III de la présente loi pourra, en tenant compte de la situation de fortune des parties et de la plus-value résultant de ces travaux pour l'immeuble, décider que la résiliation aura lieu moyennant une indemnité dont elle fixera le montant et les délais de payement.

Art. 4. — La résiliation du bail peut, dans les mêmes cas, et sous condition de la déclaration prévue à l'article 3 dans les délais déterminés par ledit article, être prononcée sur la demande des autres héritiers du locataire et ayants droit. Elle est alors ordonnée par la Commission arbitrale, suivant les circonstances avec ou sans indemnité.

S'il y a désaccord entre ceux qui ont le droit de réclamer la résiliation, la Commission arbitrale apprécie.

Art. 5. — La résiliation peut être prononcée sans indemnité, sur la demande de la femme, des enfants ou, à leur défaut, des ascendants des locataires appelés sous les drapeaux, dont le décès, sans avoir été officiellement constaté, peut être présumé.

Elle peut l'être également au profit des autres ayants droit de ce locataire avec ou sans indemnité.

S'il y a désaccord entre ceux qui ont le droit de réclamer la résiliation, la Commission arbitrale apprécie.

La déclaration prévue à l'article 3 doit alors être faite, à peine de forclusion, dans les six mois de l'avis donné par le Ministère de la Guerre qu'il y a présomption de décès.

Si l'avis de présomption de décès est antérieur à la promulgation de la présente loi, la déclaration devra être faite dans le délai de six mois à dater de ladite promulgation.

Art. 6. — Lorsque tous les membres d'une société en nom collectif ou tous les gérants d'une société en commandite simple ont été tués à l'ennemi ou sont morts des suites de blessures reçues ou de maladie contractée sous les drapeaux, le bail conclu par la société est résilié de plein droit sur la déclaration du liquidateur ou, à défaut du liquidateur, sur la déclaration des héritiers ou ayants droit.

S'il y a désaccord entre les héritiers, la Commission arbitrale apprécie.

Si l'un des associés en nom collectif ou en commandite a été tué à l'ennemi ou est mort des suites de blessures reçues ou de maladie contractée sous les drapeaux, et si son décès a entraîné la dissolution de la société, la résiliation du bail peut être prononcée sur la demande du liquidateur ou, à défaut du liquidateur, sur la demande d'un ayant droit.

La déclaration prévue à l'article 3 doit être faite, à peine de forclusion, dans les cas déterminés au paragraphe premier du présent article, dans les trois mois de l'avis officiel du décès du dernier sociétaire en nom collectif ou du dernier gérant de la société en commandite simple.

Dans le cas prévu par le troisième paragraphe, elle doit être faite dans les trois mois de la dissolution de la société.

Si le décès prévu au paragraphe premier ou si la dissolution de la société prévue au troisième paragraphe sont antérieurs à la promulgation de la présente loi, les délais ci-dessus impartis courront à partir de la dite promulgation.

La résiliation dans les cas prévus par le présent article a lieu, suivant les circonstances, avec ou sans indemnités.

ART. 7. — Si le locataire établit que, par suite de blessures reçues ou de maladies contractées ou aggravées sous les drapeaux ou par suite de faits de guerre, s'il n'est pas mobilisé, il n'est plus en état d'exercer la profession pour laquelle il avait conclu le bail ou qu'il a subi une diminution notable et permanente de sa capacité professionnelle, la résiliation sera prononcée sur sa demande sans indemnité.

Le locataire, dans les cas prévus au paragraphe précédent, devra faire, à peine de forclusion, la déclaration prévue par l'article 3, dans les six mois qui suivront sa mise en réforme ou la consolidation de son infirmité et si ces événements sont antérieurs à la promulgation de la présente loi, dans les six mois de la dite promulgation.

Art. 8. — Seront admis au bénéfice des dispositions qui précèdent et dans les mêmes conditions, les veuves et les héritiers des locataires qui, sans être mobilisés, ont été tués au cours de faits de guerre ou sont morts des suites de blessures ou de maladies occasionnées par ces faits.

La déclaration prévue à l'article 3 devra être faite, à peine de forclusion, dans les six mois de l'avis officiel du décès et, si cet avis de décès est antérieur à la promulgation de la présente loi, dans les six mois de la dite promulgation.

Art. 9. — La résiliation du bail pourra être prononcée avec ou sans indemnité sur la demande du locataire qui justifiera que la guerre a modifié sa situation dans des conditions telles qu'il est évident que dans sa situation nouvelle il n'aurait pas contracté.

La déclaration devra être faite, à peine de forclusion, au plus tard dans les trois mois qui suivront le décret-fixant la cessation des hostilités.

Art. 10. — La résiliation du bail pourra de même, sans préjudice de ce qui est dit à l'article 2, être prononcée, avec ou sans indemnité, à la demande du bailleur qui justifiera :

1° Ou que le locataire emploie la chose louée à un autre usage que celui auquel elle a été destinée et cause ainsi un dommage au bailleur ;

2° Ou que le locataire ne jouit pas des lieux loués en bon père de famille ;

3° Ou que le locataire, non exonéré en vertu de la présente loi, ne se conforme pas, en ce qui concerne les payements, aux décisions de la Commission arbitrale.

Art. 11. — Dans tous les cas prévus ci-dessus, la résiliation devra être déclarée ou prononcée pour un terme d'usage, en observant les délais ordinaires des congés, sans que ceux-ci puissent excéder trois mois.

Toutefois, la Commission arbitrale pourra ordonner que la résiliation produira effet à partir d'une autre date fixée par elle.

Art. 12. — La demande de résiliation du bail de l'immeuble dans lequel s'exploite un fonds de commerce grevé d'inscriptions doit être notifiée aux créanciers antérieurement inscrits.

Le locataire devra produire à l'appui de sa demande en résiliation un état des inscriptions pouvant grever son fonds ou un certificat négatif.

Les créanciers pourront notifier leur opposition dans le délai de quinzaine, à la charge de déclarer qu'ils entendent continuer le bail et en assumer les charges à leurs risques et périls pour parvenir à la réalisation dans les conditions prévues par la loi du 17 mars 1909.

Art. 13. — Le bail du locataire qui n'a pu emménager du fait de la mobilisation est résilié de plein droit à la demande du locataire.

TITRE II

Exonérations et délais

Art. 14. — Sans préjudice des règles du droit commun et des clauses des conventions, il pourra être accordé, pour la durée de la guerre et les six mois qui suivront le décret fixant la cessation des hostilités, des réductions de prix pouvant aller, à titre exceptionnel, jusqu'à l'exonération totale, au locataire non mobilisé qui justifiera avoir été privé par suite de la guerre soit des avantages d'utilité ou d'usage de la chose louée, soit d'une notable partie des ressources sur lesquelles il pouvait compter pour faire face au payement du loyer.

Le locataire mobilisé sera dispensé de cette justification ; il appartiendra au propriétaire d'établir que la mobilisation du locataire lui a laissé les moyens d'acquitter tout ou partie des loyers échus.

Dans tous les cas, la Commission arbitrale devra tenir compte, tant pour admettre le droit à la réduction que pour en déterminer l'étendue, de l'ensemble des revenus du locataire.

Art. 15. — Sont présumés remplir les conditions fixées par l'article 14, et comme tels totalement exonérés du payement de ce qu'ils restent devoir sur leurs loyers échus ou à échoir pendant toute la durée des hostilités et les six mois qui suivront le décret fixant leur cessation, les locataires occupant des logements d'habitation rentrant dans l'une des catégories ci-après déterminées et qui sont :

1° Ou bien mobilisés ;

2° Ou bien réformés à la suite de blessures reçues ou de maladie contractée ou aggravée à la guerre ;

3° Ou bien attributaires soit de l'allocation militaire, soit de l'allocation des réfugiés, soit des secours de chômage régulièrement organisés par les départements et les communes, soit des secours permanents des bureaux de bienfaisance ou encore inscrits sur les listes d'assistance dressées en exécution de la loi du 14 juillet 1905 ;

a) A Paris, dans le département de la Seine et dans les communes de la banlieue placées dans un rayon de 25 kilomètres des fortifications de Paris :

Logements d'un loyer inférieur ou égal à 500 francs si le locataire est célibataire ; à 600 francs s'il est marié ;

b) Dans les communes de 100.001 habitants et au-dessus, et dans les communes dont la distance des fortifications de Paris est supérieure à 25 kilomètres, sans excéder 40 kilomètres et ayant plus de 2.500 habitants :

Logements dont le loyer est inférieur ou égal à 350 francs si le locataire est célibataire ; à 400 francs s'il est marié ;

c) Dans les communes de 20.001 à 100.000 habitants :

Logements d'un loyer inférieur ou égal à 250 fr., si le locataire est célibataire ; à 300 fr., s'il est marié ;

d) Dans les communes de 5.001 à 20.000 habitants :

Logements d'un loyer inférieur ou égal à 150 fr., si le locataire est célibataire ; à 200 fr., s'il est marié ;

e) Dans les communes de 1.001 à 5.000 habitants :

Logements d'un loyer inférieur ou égal à 100 fr., si le locataire est célibataire ; à 150 fr., s'il est marié ;

f) Dans les communes de moins de 1.000 habitants :

Logements d'un loyer inférieur ou égal à 75 fr., si le locataire est célibataire ; à 100 fr.. s'il est marié.

Les chiffres prévus aux alinéas précédents seront majorés de 100 fr. par enfant de moins de seize ans ou autre personne à la charge du locataire, et pour chaque fils ou membre de la famille mobilisé qui habitait sous le même toit dans les villes et communes comprises dans les catégories *a*) et *b*) ; de 75 fr. dans les villes et communes comprises dans la catégorie *c*) ; de 50 fr. dans les autres communes.

Toutefois, sont exceptés du bénéfice des dispositions qui précèdent, les locataires mobilisés à l'égard desquels il sera justifié qu'ils reçoivent, par suite de la mobilisation, un traitement, une solde ou une rétribution supérieure d'un quart au traitement, au gain, à la rétribution ou au salaire qu'ils recevaient avant la guerre et pour toute la période de temps pendant laquelle ils les reçoivent.

Si les locataires désignés au paragraphe premier du présent article n'ont été mobilisés que pendant une partie de la durée de la guerre, l'exonération de plein droit ne s'appliquera qu'à la période de temps pendant laquelle ils auront été mobilisés.

De même, si les attributaires d'allocations ou secours prévus au quatrième paragraphe du présent article n'ont été admis à ces allocations ou secours pendant une partie de la guerre, l'exonération de plein droit ne s'appliquera qu'à cette période.

La présomption qu'un locataire attributaire de l'allocation militaire remplit les conditions de l'article 14 pourra être combattue par la preuve contraire devant la Commission arbitrale, excepté si ce locataire peut invoquer une des autres causes d'exonération prévues par la présente loi.

Les locataires mobilisés, affectés, en vertu de l'article 6 de la loi du 17 août 1915, à des établissements industriels travaillant à la défense nationale, pourront se prévaloir de l'exonération prévue au présent article, s'ils sont occupés dans un établissement trop éloigné de leur domicile habituel pour maintenir leur habitation dans les lieux loués ou s'ils ne reçoivent pas un traitement, un salaire ou une rétribution supérieure d'un quart à ceux qu'ils percevaient avant la guerre.

Dans tous les autres cas, ils seront soumis au régime des articles 14 et 16.

ART. 16. — Sauf la faculté réservée au propriétaire d'administrer la preuve contraire devant la Commission arbitrale, sont présumés remplir les conditions fixées par l'article 14 et comme tels exonérés du payement de ce qu'ils restent devoir sur leurs loyers échus du 1er août 1914 au 1er avril 1918 :

Les locataires mobilisés ou non occupant les logements compris dans l'une des catégories déterminées à l'article 15 et non exonérés de plein droit pour la durée de la guerre et les six mois qui suivront le décret fixant la cessation des hostilités.

A compter du 1er avril 1918, ces locataires seront placés sous le régime de l'article 14 et pourront invoquer le bénéfice des dispositions de la présente loi devant les Commissions arbitrales.

ART. 17. — Dans tous les cas, il pourra être accordé au locataire, suivant les circonstances, terme et délai pour se libérer, soit en totalité, soit par fractions.

ART. 18. — Pendant toute la période pour laquelle l'exonération totale leur est accordée en vertu des articles qui précèdent, les locataires seront maintenus en possession des lieux loués.

Seront également maintenus en possession des lieux

loués pendant toute la durée de la guerre et les six mois qui suivront la cessation des hostilités, les locataires ayant obtenu des exonérations ou réductions, à charge par eux de se conformer aux décisions rendues par les Commissions arbitrales, ou, lorsque ces exonérations ou réductions résulteront d'accords intervenus librement avec les bailleurs, aux conditions fixées par ces conventions.

Ces dispositions s'appliquent aux cas de bail expiré ou non expiré, ainsi qu'au cas où la location est régie par l'usage des lieux.

ART. 19. — Sont interdites pendant toute la durée des hostilités et les six mois qui suivront le décret fixant leur cessation, toutes instances, toutes assignations, toutes procédures d'exécution à l'égard des locataires mobilisés.

En conséquence, ceux-ci ne pourront être appelés devant la Commission arbitrale qu'à l'expiration du délai de six mois, à compter du jour où ils auront cessé d'être présents sous les drapeaux.

Toutefois, ils pourront à toute époque, s'ils le préfèrent, demander aux Commissions arbitrales de statuer dans les conditions prévues à la présente loi.

ART. 20. — Les dispositions de l'article 19 sont applicables jusqu'à l'expiration de l'année qui suivra la promulgation de la présente loi, sans que ce délai puisse dépasser six mois après le décret fixant la cessation des hostilités :

1° Aux veuves des militaires morts sous les drapeaux depuis le 1er août 1914 ou aux membres de leur famille qui habitaient antérieurement avec eux les lieux loués ;

2° Aux femmes des militaires disparus dont la disparition a été officiellement constatée ou aux membres de leur famille qui habitaient antérieurement avec eux les lieux loués ;

3° Aux personnes, parentes ou non, qui antérieurement au 1er août 1914, vivaient habituellement dans les lieux loués avec le locataire mobilisé et qui justifieront qu'elles étaient à sa charge ;

4° Aux militaires réformés à la suite de blessures ou de maladie contractée ou aggravée à la guerre.

Si le décès ou la mise en réforme est postérieur à la promulgation de la présente loi ou survient moins d'un an avant cette promulgation, le délai courra du jour du décès ou de la date officielle de la mise en réforme.

Les dispositions de l'article 19 sont également applicables aux femmes de citoyens français retenus en pays envahis, internés en pays ennemis ou en pays neutres ou aux membres de leur famille qui habitaient antérieurement avec eux les lieux, loués, jusqu'à l'expiration des six mois qui suivront leur libération.

Sont également admises au bénéfice de ces dispositions les sociétés en nom collectif dont tous les associés, et les sociétés en commandite dont tous les gérants sont présents sous les drapeaux.

ART. 21. — Les décisions rendues entre le bailleur et le preneur sont acquises de plein droit à la caution ainsi qu'à celui ou à ceux qui, par suite de sous-location ou de cessions antérieures du droit au bail, sont tenus solidairement.

Au cas de sous location, le locataire principal pourra toujours mettre en cause devant la Commission arbitrale le propriétaire et exercer à son égard les droits résultant de l'article 14, même en cas d'inaction du sous-locataire. Le même droit appartiendra à la caution en cas d'inaction du locataire cautionné.

Au cas de constructions édifiées sur le terrain d'autrui, le propriétaire des constructions appelé devant la Commission arbitrale par ses locataires pourra lui-même mettre en cause le propriétaire du sol et demander une réduction de son loyer vis-à-vis de ce propriétaire.

Dans tous les cas, la Commission arbitrale réglera la situation de chacun des intéressés.

Le locataire principal qui a perçu d'un sous-locataire, en tout ou en partie, le prix du loyer, en doit le montant au propriétaire en déduction ou jusqu'à due concurrence de sa propre dette, sans pouvoir invoquer pour le conserver les avantages d'exonération, de réduction ou de délais résultant de la présente loi.

Dans le cas visé au paragraphe ci-dessus, si le locataire principal a négligé de verser au bailleur les sommes ainsi perçues du sous-locataire, il devra au bailleur, à titre de pénalité de retard, un intérêt à 6 0/0 l'an, à compter du jour du payement par le sous-locataire.

Art. 22. — L'obligation ci-dessus ne s'appliquera pas aux logeurs en garni.

Pour ces derniers, la Commission arbitrale appréciera, en envisageant le loyer d'ensemble de l'immeuble et les charges du logeur, les réductions ou exonérations qui pourront lui être accordées sur les justifications prévues par l'article 14.

Les logeurs en garni ne pourront, contre le payement de la somme ainsi fixée par la Commission arbitrale, invoquer aucune des exceptions prévues par la présente loi.

Art. 23. — L'exercice du privilège ou des droits et actions du bailleur peut être limité à une partie déterminée et suffisante du mobilier garnissant les lieux loués et servant de gage spécial à sa créance.

Le bailleur peut, si le locataire quitte les lieux loués avant le complet payement des loyers encore dus et sans fournir une caution suffisante, réaliser le gage affecté à sa créance.

Art. 24. — Ne pourront être compris dans ce gage, au même titre que les meubles, effets mobiliers, ustensiles et objets nécessaires au coucher et au travail du locataire et des membres de sa famille, les meubles, effets mobiliers, ustensiles et objets indispensables garnissant la salle à manger et la cuisine.

Art. 25. — Les sommes versées à titre de loyer d'avance ou de garantie de l'exécution du bail se compenseront de plein droit avec le montant des termes échus pendant la durée de la guerre.

Art. 26. — Les règles établies par les dispositions

des articles 23 et 25 sont applicables aux locataires en garni.

Toutefois, les Commissions arbitrales devront déterminer, dans le chiffre du loyer, la fraction représentative des fournitures qui demeureront à la charge des locataires.

ART. 27. — Il sera tenu compte par les Commissions arbitrales des loyers payés par les locataires depuis le 1er août 1914 et l'imputation en sera ordonnée, en tout ou en partie, soit sur les termes à échoir, soit sur les termes demeurés impayés.

Le payement des indemnités de résiliation effectué depuis le 4 août 1914 par les personnes visées au titre premier ne mettra pas obstacle à l'exercice des droits accordés par la présente loi et pourra donner lieu à répétition.

Il en sera de même des jugements et arrêts rendus postérieurement au 1er août 1914 et qui auront statué sur des demandes en payement de loyers échus depuis la guerre.

Toutefois, les sommes payées en vertu de ces décisions ne seront pas sujettes à répétition.

ART. 28. — Toutes clauses et stipulations contraires à la présente loi seront considérées comme nulles et non avenues.

Toutefois, demeurent valables les conventions et les transactions librement conclues entre le bailleur et le preneur relatives à des baux intervenus depuis le 4 août 1914, sous réserve qu'aucun fait nouveau, né de la guerre, ne soit survenu qui ait modifié la situation du locataire.

ART. 29. — Les bailleurs dont les locataires auront été exonérés, en tout ou partie, en vertu des articles 14, 15 et 16 de la présente loi ou par suite de conventions librement consenties, conformément à l'article précédent, auront droit à une indemnité servie par l'Etat si, en vertu des lois d'impôt général sur le revenu, ils ne sont pas assujettis à cet impôt en raison de la modicité de leur revenu net total annuel, ou si, étant assujettis à cet impôt, leur revenu net total annuel, réduction faite de tous abattements et déductions prévus par la loi, ne dépasse pas les chiffres suivants :

1° Cinq mille francs dans toutes les communes de moins de 100.000 habitants ;

2° Huit mille francs dans les communes de 100.000 habitants et au-dessus et dans celles visées ou paragraphe 7 de l'article 15 ;

3° Dix mille francs à Paris, dans le département de la Seine et dans les communes de la banlieue visées au paragraphe 5 de l'article 15.

Le droit à indemnité pour pertes de loyer subies du 1er août 1914 au 31 décembre 1915 sera réglé d'après le montant du revenu imposé aux rôles de l'impôt général sur le revenu pour l'exercice 1916 ; le droit à indemnité pour pertes de loyer subies en 1916 sera réglé d'après le montant du revenu imposé en 1917 et ainsi de suite, le droit à indemnité pour pertes de loyer subies pendant une année étant déterminé d'après le revenu assujetti à l'impôt général sur le revenu de l'année suivante.

Si, depuis le début des hostilités, le revenu net total pour lequel a été imposé le propriétaire a dépassé dans une année les chiffres ci-dessus, le propriétaire n'aura droit pour la dite année à aucune indemnité.

Les établissements publics de bienfaisance auront toujours droit à l'indemnité de l'Etat.

L'indemnité sera de 50 0/0 des loyers dont le locataire aura été déchargé sans qu'elle puisse, ajoutée à la portion des loyers demeurés exigibles, être inférieure aux charges de la propriété correspondant aux locaux ayant fait l'objet d'une exonération ou réduction, anuités des créances hypothécaires, impôts et assurances compris. En aucun cas, l'indemnité ajoutée au revenu imposé à l'impôt général sur le revenu ne pourra procurer aux bénéficiaires un émolument total annuel supérieur aux chiffres de revenu énumérés au deuxième alinéa du présent article.

Seront assimilés aux propriétaires visés à l'alinéa

premier les logeurs en garni dont les sous-locataires
auront été exonérés en vertu des articles 14, 15 et 16 de
la présente loi, pourvu que le revenu net total annuel
pour lequel ils ont été imposés ne dépasse pas les chiffres indiqués au présent article.

Les indemnités seront payées en dix termes annuels,
sans toutefois que le premier terme puisse être inférieur à 1.000 francs ou à la totalité de la créance si
celle-ci n'atteint pas le chiffre de 1.000 francs. Ce minimum ne sera exigible qu'à la première des demandes
formées par le même propriétaire.

Le premier terme sera versé dans le mois de la date
de la décision ministérielle statuant sur la demande en
indemnité.

Les termes non échus porteront intérêt à 5 0/0 l'an.
Les intérêts seront payables chaque année, en même
temps que les termes successifs.

ART. 30. — Il sera remis à chaque ayant droit un
titre constatant sa créance.

Ce titre ne sera pas négociable, mais l'ayant droit
pourra demander qu'une partie de la dite créance soit
déléguée à son créancier hypothécaire qui devra accep-
ter cette délégation jusqu'à concurrence des intérêts,
arrérages et annuités qui lui seront dus.

Les titres de créances ainsi délivrés pourront faire
l'objet d'avances dans les conditions qui seront déterminées par le Ministre des Finances. Ils pourront
également faire l'objet de transports conformément
aux articles 1689 et suivants du Code Civil.

Les demandes en indemnités formées par les propriétaires désignés au présent article seront, dans
chaque département, adressées au Directeur de l'Enregistrement au plus tard dans l'année qui suivra la cessation des hostilités.

Elles pourront l'être dès la promulgation de la présente loi.

Il en sera délivré immédiatement récépissé.

Un arrêté du Ministre des Finances déterminera la
forme de la demande et les pièces justificatives à produire par le propriétaire.

Dans le délai de deux mois, à dater du dépôt de la demande, le Directeur de l'Enregistrement fixera le montant de l'indemnité, par délégation du Ministre, en conformité des paragraphes 1 et 8 de l'article 29. Cette décision sera notifiée, en la forme administrative, au propriétaire demandeur.

Dans la quinzaine de la notification, celui-ci pourra adresser un recours au Ministre qui statuera dans le mois.

La décision du Ministre pourra faire l'objet d'un recours devant le Conseil d'Etat, dans les conditions du droit commun.

Le recours aura lieu sans frais et sans intervention obligatoire d'un avocat.

La loi de finances déterminera les voies et moyens à l'aide desquels il sera fait face au payement des indemnités prévues au présent article.

Art. 31. — Toute réduction ou exonération de loyer prononcée par la Loi ou par les Commissions arbitrales entraînera, sur la contribution foncière et la contribution des portes et fenêtres, principal et centimes additionnels, départementaux et communaux compris, et sur les taxes assimilées afférentes à l'immeuble loué, une remise proportionnelle à la perte du revenu subi par le propriétaire.

Cette remise devra, à peine de forclusion, être demandée par le propriétaire dans les trois mois qui suivront la date à laquelle la réduction ou l'exonération de loyer sera devenue définitive ; pour les réductions accordées avant la promulgation de la loi, le délai courra du jour de cette promulgation.

Tout propriétaire qui aura consenti des réductions ou exonérations amiables de loyer bénéficiera de cette remise.

Il produira, à l'appui de sa demande en remise ou en modération, une déclaration, dûment signée et certifiée sincère, du montant du loyer auquel il aurait eu droit, de la quotité de la réduction consentie et de la période à laquelle elle s'applique.

En cas de fausse déclaration, les coupables seront

passibles des peines portées à l'article 405 du Code Pénal.

L'article 463 du même code pourra être appliqué.

Les demandes en réduction d'impôts seront présentées, instruites et jugées comme les demandes en remise pour vacances de maison.

Les dispositions du présent article, à l'exception de la dernière, sont applicables aux droits d'enregistrement perçus ou exigibles sur les baux et locations ayant donné lieu à des réductions ou exonérations de loyer.

ART. 32. — Au cas où, par le fait de la guerre, le propriétaire se trouvera privé d'une notable partie des ressources sur lesquelles il pouvait compter pour faire face au payement de ses dettes hypothécaires et privilégiées, la Commission arbitrale pourra, sur sa demande, et nonobstant toutes stipulations contraires, lui accorder les délais qu'elle jugera nécessaires tant pour le payement du principal, en cas d'exigibilité, que pour le payement des intérêts, annuités ou arrérages échus avant ou pendant la durée des hostilités.

Les délais auront pour point de départ la date d'exigibilité de la créance et ils ne pourront dépasser trois années plus une durée égale à celle des hostilités. Le retard déjà existant au début de la guerre sera imputé sur lesdits délais.

Le créancier sera appelé devant la Commission arbitrale en la forme et de la manière prescrites au titre III de la présente loi.

La Commission arbitrale pourra décider qu'au jour de la cessation des hostilités, les intérêts, annuités ou arrérages impayés s'ajouteront au capital de la dette, avec ou sans intérêts, et qu'ils seront payés en fin de contrat.

En ce cas, ces intérêts, annuités ou arrérages profiteront des mêmes garanties et seront conservés de plein droit par l'hypothèque au même rang que le principal, même s'ils excèdent la limite de trois années fixée par l'article 2151 du Code Civil.

Toutefois, cette dernière disposition ne sera pas

opposable aux créanciers hypothécaires postérieurs en rang et inscrits antérieurement au 1er août 1914.

Nonobstant les délais prévus à la présente loi, les créanciers hypothécaires ou privilégiés pourront, dans les termes du droit commun, sur la poursuite intentée par d'autres créanciers, prendre part à toutes distributions de l'actif de leur débiteur.

Les dispositions du présent article sont applicables aux acquéreurs d'habitations à bon marché, de jardins ouvriers et de petites propriétés qui amortissent leur prix d'acquisition par payements périodiques.

Art. 33.— Pour la détermination du chiffre du loyer, dans tous les cas prévus à la présente loi, il ne sera tenu compte que des prix de loyer en vigueur au 1er août 1914.

TITRE III

Juridiction et procédure

Art. 34. — Toutes les contestations auxquelles la présente loi donnera lieu seront, quel que soit leur chiffre, jugées par une Commission arbitrale des loyers composée, outre le président, de quatre membres, savoir deux propriétaires et deux locataires.

Il est institué, dans chaque arrondissement et, dans les villes divisées en cantons ou arrondissements, dans chaque canton ou arrondissement, enfin dans chaque canton suburbain du département de la Seine, une Commission arbitrale.

Le lieu où siégera la Commission arbitrale sera publié, par les soins de l'Administration préfectorale, à la porte de chaque mairie du ressort.

Toutes les fois que, pour l'expédition des affaires, la subdivision paraîtra nécessaire, il y sera pourvu par un décret qui déterminera le ressort de chaque Commission arbitrale.

Un décret pourra également instituer plusieurs Commissions arbitrales fonctionnant simultanément dans la même circonscription, ou rattacher entre elles plusieurs circonscriptions.

Dans la huitaine de la promulgation de la présente loi ou des décrets prévus au paragraphe précédent, le premier président de la Cour d'Appel déléguera, pour présider chaque commission, soit un des membres de la cour, soit un des membres des tribunaux du ressort, soit, en cas d'empêchement de tous ces magistrats, l'un des juges de paix ou suppléants de la justice de paix, ou un avocat ayant au moins dix années d'inscription au tableau.

Le premier président pourvoira au remplacement du président empêché temporairement ou définitivement.

Au cas où plusieurs commissions seraient appelées, conformément aux dispositions du paragraphe 5, à fonctionner simultanément dans la même circonscription, il déterminera entre elles l'ordre de répartition des affaires.

Art. 35. — Dans chaque commune, sur convocation spéciale du Préfet, et au plus tard dans le mois qui suivra la promulgation de la présente loi, le Conseil municipal dresse trois listes de propriétaires et de locataires domiciliés dans la commune : une de propriétaires d'immeubles à loyer situés dans l'arrondissement ; une de locataires non patentés, une de locataires patentés. Les femmes propriétaires ou locataires, âgées de vingt-cinq ans au moins, peuvent être inscrites sur ces listes. Ces listes comprendront deux propriétaires, deux locataires patentés et deux locataires non patentés par 200 habitants dans les circonscriptions arbitrales n'ayant pas plus de 30.000 habitants ; par 500 habitants dans les circonscriptions ayant de 30.001 à 100.000 habitants, et par 1.000 habitants dans les circonscriptions ayant plus de 100.000 habitants. A Paris, ainsi que dans les villes divisées en plusieurs cantons ou arrondissements, le Conseil municipal dresse les listes par canton ou arrondissement.

Les listes sont dressées chacune en deux exemplaires, dont l'un reste déposé à la mairie et l'autre doit être transmis, dans le délai fixé par l'arrêté de convocation, au Sous-Préfet du chef-lieu de l'arrondissement ou au Juge de paix du canton comprenant une ou plusieurs circonscriptions arbitrales ; à Paris, au Préfet de la Seine. Ces listes sont groupées par circonscription.

Dans les deux mois de la promulgation de la présente loi, une commission composée : du président du Tribunal civil ou du magistrat délégué par lui, président ; des conseillers généraux, des conseillers d'arrondissement, des juges de paix et d'un fonctionnaire des Contributions directes désigné par le Directeur, se réunit dans chaque arrondissement ou dans chaque canton comprenant une ou plusieurs circonscriptions arbitrales.

A Paris, cette commission est composée, dans chaque arrondissement : du président du Tribunal civil ou du magistrat délégué par lui, président ; du maire ou d'un adjoint délégué par lui, des conseillers municipaux, du juge de paix et d'un fonctionnaire des Contributions directes désigné par le Directeur.

Le président de la commission prévue aux alinéas 3 et 4 du présent article tire au sort, en séance publique de la commission, sur les listes préparatoires de la circonscription, dressées comme il vient d'être dit, les noms des propriétaires et des locataires appelés à former les listes définitives.

Le nombre des propriétaires, des locataires patentés et des locataires non patentés à inscrire sur les listes définitives est de la moitié du nombre des propriétaires et du quart de celui des locataires portés sur les listes provisoires, avec un minimum de 80 propriétaires, de 40 locataires patentés et de 40 locataires non patentés.

La Commission, avant de procéder au tirage au sort, statue sur les incapacités et prononce la radiation des propriétaires et des locataires soumis aux cas d'incapacité ou d'incompatibilité énumérés à l'article 37 ci-après.

ART. 36. — Les décisions de la Commission sont prises à la majorité. Au cas où tous les membres ne seraient pas présents, la séance serait remise à un jour suivant, et il suffirait de la majorité des commissaires présents.

En cas de partage, la voix du président est prépondérante.

Les listes définitives sont transmises au président de la Commission arbitrale par les soins du président de la commission prévue à l'article 34.

Art. 37. — Ne pourront être compris dans les listes définitives d'assesseurs de la Commission arbitrale des loyers que les propriétaires ou locataires de la circonscription, âgés de plus de vingt-cinq ans, inscrits sur les listes électorales, non soumis aux cas d'incapacité ou d'incompatibilité prévus par les articles 2, 3 et 4 de la loi du 21 novembre 1872.

Les femmes propriétaires ou locataires, âgées de vingt-cinq ans au moins, domiciliées dans la circonscription, pourront être comprises dans les listes d'assesseurs de la Commission arbitrale, pourvu qu'elles ne soient pas soumises aux cas d'incapacité prévus, en ce qui les concerne, par les articles 2, 3 et 4 de la dite loi.

Ne peuvent être choisis : 1° les locataires propriétaires d'immeubles de rapport dans le département et dans les départements limitrophes ; 2° les locataires représentants habituels d'un ou de plusieurs propriétaires.

Art. 38. — Quinze jours au moins avant l'ouverture de chaque session, au lieu et à la date qui seront publiés dans la forme prescrite à l'alinéa 3 de l'article 34, le président de la Commission arbitrale tire au sort publiquement sur les listes dressées en vertu de l'article 35 les noms des propriétaires et des locataires appelés à former la Commission arbitrale des loyers. L'un des deux locataires assesseurs doit être un locataire patenté et l'autre un locataire non patenté.

Le président tire, de plus, au sort les noms de cinq assesseurs suppléants, lesquels devront être domiciliés dans la ville où siège la Commission arbitrale, savoir : deux propriétaires et trois locataires, dont un locataire patenté.

Cette liste des assesseurs est déposée immédiatement au secrétariat ; elle est communiquée à tout intéressé.

Le président fixe la date de la session. Celle-ci dure deux mois au plus. Néanmoins, toute affaire commencée devra être jugée par la Commission devant laquelle elle aura été portée.

Le président de la Commission arbitrale convoque les assesseurs.

Tout assesseur qui aura fait le service pendant une session sera dispensé, sur sa demande adressée au président, pour la session suivante.

Art. 39. — Les assesseurs des Commissions arbitrales peuvent être récusés :

1° Quand ils ont un intérêt personnel à la contestation ;

2° Quand ils sont parents ou alliés d'une des parties en ligne directe ou en ligne collatérale jusqu'au quatrième degré inclusivement ou quand ils sont parents entre eux dans les mêmes conditions ;

3° Si, dans l'année qui a précédé la récusation, il y a eu action judiciaire, criminelle ou civile, entre eux et l'une des parties ou son conjoint, ou ses parents et alliés en ligne directe ;

4° S'ils ont donné un avis écrit dans l'affaire ;

5° S'ils sont patrons, ouvriers ou employés de l'une des parties en cause ;

En outre, chaque partie aura respectivement le droit d'exercer deux récusations péremptoires.

La partie qui veut récuser un assesseur est tenue de former la récusation avant tout débat et d'en exposer les motifs dans une déclaration qu'elle remet, revêtue de sa signature, au secrétaire de la Commission arbitrale.

Il est statué sans délai par le président, dont la décision est en dernier ressort. Il prononce également sur les causes d'empêchements que les assesseurs proposent, ainsi que sur les exclusions ou incompatibilités dont les causes ne seraient survenues ou n'auraient été connues que postérieurement à la désignation faite en vertu de l'article 38.

En cas d'absence, d'empêchement ou de récusation de l'un des assesseurs, ou si, pour toute autre cause, la Commission est hors d'état de se constituer réguliè-ment, elle se complétera en appelant à siéger un asses-seur suppléant dans l'ordre du tirage au sort. A défaut d'assesseur suppléant, il sera procédé à un nouveau tirage au sort fait, en séance publique, sur les listes dressées en vertu de l'article 35, l'assesseur suppléant devant être domicilié dans la ville où siège la Commis-sion arbitrale.

Art. 40. — Avant d'entrer en fonctions, les asses-seurs prêtent individuellement, devant le président de la Commission, le serment de remplir leur devoir avec zèle et intégrité et de garder le secret des délibéra-tions.

En cas d'absence sans excuse jugée valable, ou en cas de refus de service non justifié, l'assesseur sera con-damné par le président de la Commission arbitrale à une amende de 100 francs au moins et de 300 francs au plus, sous réserve de l'application de l'article 463 du Code Pénal. Le président statue en dernier ressort sur l'opposition qui serait formée par l'assesseur con-damné.

Les assesseurs reçoivent sur les fonds de la justice criminelle, dans les conditions prévues par les articles 2, paragraphe 4, et 162 du décret du 18 juin 1811, les indemnités de déplacement et de séjour prévues pour les membres du jury criminel, par les lois du 19 mars 1907 et 17 juillet 1908 et le décret du 18 juin 1811. Tou-tefois, les assesseurs suppléants ne peuvent prétendre à une indemnité que pour les jours où ils ont effective-ment siégé.

Les magistrats désignés pour présider les Commis-sions arbitrales hors du chef-lieu d'arrondissement recevront, pour frais d'indemnité de séjour, l'indem-nité prévue par l'article 3 de la loi du 4 octobre 1916.

Art. 41. — Le premier président de la Cour d'appel désigne le secrétaire de la Commission arbitrale. Il peut le révoquer.

Le secrétaire, avant de prendre possession de ses fonctions, prête serment devant le président de la Commission arbitrale.

Les émoluments sont ceux fixés par la loi du 27 mars 1907, dont les articles 58, 59, 60, 61 et 62 sont applicables.

Tout secrétaire convaincu d'avoir perçu une taxe non prévue ou supérieure au taux fixé est passible des peines portées à l'article 102 du décret du 30 mars 1808, modifié par la loi du 10 mars 1898 et des articles 1030 et 1031 du Code de procédure civile.

Art. 42. — Il sera, dans tous les cas, procédé à un préliminaire de conciliation devant le président de la Commission arbitrale du lieu de la situation de l'immeuble.

A cet effet, le demandeur fait convoquer le défendeur par lettre recommandée du secrétaire avec avis de réception ; cette lettre indiquera les nom, profession et domicile du demandeur, l'objet de la demande, le jour et l'heure de la comparution, fixés par le président au délai minimum de trois jours francs.

A défaut d'un avis de réception établissant que le défendeur a été touché en temps utile, le défendeur est cité par huissier.

Les parties comparaîtront en personne, sauf en cas d'excuse jugée valable par le président. Elles pourront toujours être assistées d'un avocat inscrit au tableau ou d'un officier ministériel.

Si, au jour indiqué par la lettre du secrétaire, le demandeur ne comparaît pas, la cause est rayée du rôle et ne peut être reprise qu'après un délai de huit jours au moins.

Art. 43. — Il sera loisible aux parties, lors de la tentative de conciliation et si elles sont d'accord, de donner mission au président pour prononcer sur leurs difficultés, comme arbitre amiable-compositeur en dernier ressort et avec dispense d'observer toutes les formalités judiciaires.

La décision sera exécutoire, sans qu'il soit besoin d'ordonnance d'exequatur.

ART. 44. — Les parties pourront toujours se présenter volontairement devant le président, et, dans ce cas, il est procédé à leur égard comme si l'affaire avait été introduite par une demande directe.

ART. 45. — A défaut de conciliation ou si le défendeur ne se présente pas, le secrétaire convoque les parties par lettres recommandées, avec avis de réception, pour l'audience de la Commission arbitrale du lieu de la situation de l'immeuble, au jour qui aura été fixé par le président lors de la tentative de conciliation et en observant le délai prescrit à l'article 42, alinéa 2. A défaut d'avis de réception, le défendeur est cité par huissier.

La citation contient les énonciations prescrites pour la lettre par l'article 42.

Les témoins, s'il y a lieu, seront appelés dans les mêmes formes et délais.

ART. 46. — Si la décision est rendue par défaut, avis de ses dispositions est transmis par le secrétaire à la partie défaillante, par lettre recommandée avec avis de réception, dans les trois jours du prononcé.

L'opposition n'est recevable que dans la quinzaine de la date de la réception de la lettre recommandée, ou, à défaut d'avis de réception, dans la quinzaine de la notification par huissier. Elle a lieu par une déclaration au secrétariat, dont il est délivré récépissé. La lettre recommandée contiendra mention de cette prescription.

Toutes parties intéressées sont prévenues par lettre recommandée du secrétaire avec avis de réception ou par exploit d'huissier, pour la prochaine audience utile, en observant les délais de l'article précédent.

La décision qui intervient est réputée contradictoire.

Toute décision contradictoire sera notifiée par le

secrétaire, dans la forme et les délais prescrits au paragraphe 1er du présent article.

Art. 47. — Les délais sont comptés et augmentés conformément aux dispositions de l'article 1033 du Code de procédure civile.

Art. 48. — Les parties doivent comparaître en personne et peuvent se faire assister par un membre de leur famille, parent ou allié au degré successible, par un avocat régulièrement inscrit, ou par un officier public ou ministériel dans sa circonscription. En cas d'excuse jugée valable, elles peuvent se faire représenter par les personnes ci-dessus mentionnées. Si le représentant est un membre de la famille, il devra être porteur d'un pouvoir sur papier non timbré, dispensé de la formalité de l'enregistrement, avec signature légalisée.

Il ne pourra être présenté que de simples observations ou conclusions.

Sont applicables les dispositions des articles 26 de la loi du 12 juillet 1905, 96 de la loi du 13 juillet 1911.

L'assistance judiciaire peut être accordée aux parties par le Bureau d'assistance judiciaire prévu à l'article 3, paragraphe premier, de la loi du 10 juillet 1901. Elle est de droit pour les locataires énumérés à l'article 15 de la présente loi.

Art. 49. — Les audiences sont publiques. Toutefois, la Commission arbitrale pourra ordonner, sur la demande de l'une des parties, que les débats auront lieu en chambre du conseil.

S'il y a litige sur le fond du droit ou sur la qualité du réclamant, la Commission surseoira à statuer sur les questions de résiliation, d'exonération, réductions ou délais dont elle aura été saisie et renverra les parties à se pourvoir devant le tribunal compétent.

Les décisions de la Commission arbitrale seront sommairement motivées.

Elle seront toujours rendues en audience publique.

Elles comporteront la formule exécutoire prévue par les articles 146 et 545 du Code de procédure civile.

La reproduction des débats par la voie de la presse est interdite sous peine de l'amende édictée par l'article 39 de la loi du 29 juillet 1881.

La sentence de la Commission arbitrale règle en une décision unique pour toute la durée de la guerre et les six mois qui suivront, sauf les délais plus étendus prévus par la présente loi, les rapports des parties entre lesquelles elle a été rendue.

ART. 50. — Les pouvoirs conférés aux tribunaux en matière d'autorisation maritale sont dévolus au président de la Commission.

ART. 51. — Les décisions des Commissions arbitrales pourront être attaquées par la voie du recours en cassation pour excès de pouvoir ou violation de la loi.

Les pourvois seront formés au plus tard le quinzième jour à dater de la notification prévue à l'article 46, par déclaration au secrétariat de la Commission arbitrale, qui aura rendu la décision, et notifiés, à peine de déchéance, dans la quinzaine, par exploit d'huissier.

Dans la quinzaine de cette dernière notification, les pièces seront adressées à la Cour de Cassation. Aucune amende ne sera consignée. Le ministère d'un avocat ne sera pas obligatoire.

Le pourvoi sera porté directement devant la chambre civile.

Lorsqu'une décision aura été cassée, l'affaire sera renvoyée devant la Commission arbitrale d'un canton ou d'un arrondissement voisin.

ART. 52. — Le secrétaire tient registre sur papier non timbré, coté et paraphé par le président, pour mentionner tous les actes d'une nature quelconque, décisions et formalités auxquels donne lieu l'exécution de la présente loi.

Les copies pour extrait, certifiées conformes, seront, en cas de pourvoi, jointes au dossier.

Les décisions portées sur le registre prévu au paragraphe précédent seront signées du président et du secrétaire conformément à l'article 138 du Code de procédure civile. Les grosses et expéditions seront délivrées par le secrétaire.

ART. 53. — Les décisions, ainsi que les extraits, copies, grosses ou expéditions qui en seront délivrés et généralement tous les actes de procédure auxquels donnera lieu l'application de la présente loi, sont visés pour timbre et enregistrés gratis. Ils porteront la mention expresse qu'ils sont faits en exécution de la présente loi.

Toutefois, au cas où les parties produiraient à l'appui de leurs prétentions soit des actes non enregistrés et qui seraient du nombre de ceux dont les lois ordonnent l'enregistrement dans un délai déterminé, soit des actes et des titres rédigés sur papier non timbré, contrairement aux prescriptions des lois sur le timbre, la Commission arbitrale devrait, conformément à l'article 16 de la loi du 23 août 1871, ordonner d'office le dépôt au greffe de ces actes pour y être immédiatement soumis à la formalité de l'enregistrement ou du timbre.

ART. 54. — En cas de plainte en prévarication contre les membres des Commissions arbitrales, il sera procédé contre eux suivant la forme établie à l'égard des juges par l'article 483 du Code d'instruction criminelle.

Les articles 505 à 508, 510 à 516 du Code de procédure civile, 126, 127 et 185 du Code pénal sont applicables aux Commissions arbitrales et à leurs membres individuellement.

La prise à partie sera portée devant la Cour d'appel.

ART. 55. — Demeurent au surplus applicables les articles 10, 11, 12, 14, 18, 28, 29, 34, 35, 36, 37, 41, 42, 43, 54, 55, 130, 131, 168, 170, 171, 452, 474, 480 du Code de procédure civile en tout ce qui n'a rien de contraire à la présente loi.

TITRE IV

Dispositions générales

Art. 56. — Les baux et locations verbales en cours au 1er août 1914 seront prorogés à la demande du locataire, aux conditions fixées au bail et à compter du décret fixant la cessation des hostilités, savoir :

1° Ceux afférents à des locaux à usage commercial, industriel ou professionnel, d'une durée égale au temps écoulé entre le décret de mobilisation et le décret fixant la cessation des hostilités ;

2° Ceux afférents à des locaux à usage d'habitation, d'une durée de deux années.

Toutefois, en ce qui concerne les locaux d'habitation rentrant dans la catégorie des petits logements prévus à l'article 15 et dont le locataire mobilisé sera resté plus de deux années sous les drapeaux, la durée de la prorogation sera égale au temps pendant lequel ce locataire aura été mobilisé.

Seront également prorogés, dans les mêmes conditions, au profit des locataires maintenus dans la vie civile par le décret de mobilisation, mais postérieurement mobilisés en vertu d'ordres individuels, les baux et locations verbales par eux contractés entre le 1er août 1914 et la date de leur mobilisation.

Dans le silence du bail, la Commission arbitrale aura compétence pour juger si le bailleur peut se prévaloir du fait d'une modification survenue dans la nature du commerce ou de l'industrie pour se refuser à la prorogation du bail.

Art. 57. — Sont exceptés des dispositions des paragraphes 1, 2, 3, 4 et 5 de l'article qui précède, les locataires à l'égard desquels le bailleur aura prouvé, devant la Commission arbitrale, qu'ils ont réalisé des bénéfices exceptionnels de guerre dans les conditions prévues par la loi du 1er juillet 1916.

Dans ce cas, la Commission arbitrale statuera sur la demande de prorogation.

Art. 58. — Les locataires mobilisés devront, à peine de forclusion, faire connaître leur volonté au bailleur, par acte extrajudiciaire, au plus tard dans les trois mois qui suivront le décret fixant la date de la cessation des hostilités.

Les locataires non mobilisés devront faire connaître leur intention au plus tard trois mois avant l'expiration du bail. Si le bail est expiré au moment de la promulgation de la loi ou s'il doit expirer moins de six mois après cette promulgation, ils devront faire connaître leur intention six mois au plus tard après ladite promulgation.

Art. 59. — Pour les locations faites sans écrit, le locataire admis à conserver la jouissance du local pendant la durée fixée à l'article 56 pourra quitter les lieux loués pendant cette même période aux conditions déterminées par l'usage.

Art. 60. — L'autorisation nécessaire pour l'exercice de tous les droits reconnus à la présente loi pourra être accordée, dans les conditions prévues à l'article 50, à la femme du locataire appelé sous les drapeaux et qui se trouve dans la situation définie à l'article 5.

Art. 61. — Sont nulles de plein droit et de nul effet, les obligations contractées par des bailleurs ou des locataires envers tous intermédiaires qui se chargeraient de leurs intérêts moyennant des émoluments fixés à l'avance proportionnellement aux conditions et réductions à obtenir.

Les sommes ainsi payées en vertu de ces conventions nulles seront sujettes à répétition.

Art. 62. — Sont seuls admis au bénéfice de la présente loi :

1° Les Français, les Alsaciens-Lorrains et les protégés français ;

2° Les citoyens, le sujets et ressortissants des pays alliés ;

3° Ceux des sujets étrangers qui seront admis à s'en

prévaloir par un décret rendu sur la proposition du Ministre des Affaires étrangères.

Art. 63. — Les sociétés d'habitations à bon marché auront droit à l'indemnité de l'Etat prévue par l'article 29, sans égard au montant de leurs revenus.

Il sera statué par une loi spéciale sur la situation des sociétés de crédit immobilier et de leurs emprunteurs.

Art. 64. — La présente loi est applicable à l'Algérie.

Toutefois, les indemnités prévues à l'article 29 ci-dessus seront allouées, s'il y a lieu, dans les conditions fixées par les Assemblées financières de la Colonie et dans les limites des crédits régulièrement inscrits au budget de l'Algérie.

Des décrets du Président de la République, rendus dans un délai de six mois, édicteront dans les colonies et pays de protectorat français, autres que la Tunisie et le Maroc, les dispositions qui pourraient être nécessaires pour trancher les questions nées de l'état de guerre en matière de loyers.